Georges d'Avenel

Tapis
et tapisseries

Mécanismes de la Vie moderne

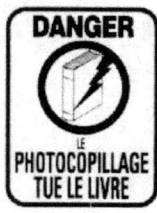 Le code de la propriété intellectuelle du 1er juillet 1992 interdit en effet expressément la photocopie à usage collectif sans autorisation des ayants droit. Or, cette pratique s'est généralisée dans les établissements d'enseignement supérieur, provoquant une baisse brutale des achats de livres et de revues, au point que la possibilité même pour les auteurs de créer des œuvres nouvelles et de les faire éditer correctement est aujourd'hui menacée. En application de la loi du 11 mars 1957, il est interdit de reproduire intégralement ou partiellement le présent ouvrage, sur quelque support que ce soit, sans autorisation de l'Éditeur ou du Centre Français d'Exploitation du Droit de Copie , 20, rue Grands Augustins, 75006 Paris.

ISBN : 978-1979677684

10 9 8 7 6 5 4 3 2 1

Georges d'Avenel

Tapis
et tapisseries

Mécanismes de la Vie moderne

Table de Matières

Introduction	6
Section I	6
Section II	11
Section III	18
Section IV	20
Section V	28
Section VI	30

Introduction

De tous les meubles, le tapis est à la fois le plus vieux et le plus récent, suivant les latitudes ; le premier ou le dernier mot de l'ameublement ; luxe nouveau pour les peuples à qui rien ne manque, nécessité immémoriale pour les peuples qui manquent de tout. Chez les pasteurs de l'Orient, il remonte au déluge ; chez les ouvriers de l'Occident, il remonte à l'Exposition de 1878. Là-bas, sous la tente, il joue le rôle de lit et de siège ; ici, dans la chaumière ou la chambrette, il joue le rôle d'ornement.

Au contraire du tapis, qui, par son bon marché d'hier, est devenu le superflu des petits, la tapisserie est devenue la prédilection des grands depuis son enchérissement contemporain. Elle aussi avait été une commodité pour le moyen âge, avant d'être promue au rang de somptuosité par les temps modernes. Elle frayait, dans les demeures féodales, avec les coffres portatifs, les lourdes chaires, les bancs de bois et les carreaux d'étoffes et, tendue autour du lit de son maître, elle le garantissait du froid. Plus tard, clouée au mur, elle ne réchauffa plus que ses yeux.

A notre époque d'art mécanique et d'imitation, de tout pour tous, elle grandit dans sa fière solitude d'unique tissu indompté par l'industrie, parce qu'elle demeure inaccessible aux trames aveugles de l'usine.

Section I

Issue, aujourd'hui comme jadis, de la seule main humaine, lorsque le travail humain est, entre toutes les marchandises, celle qui, de nos jours, a le plus augmenté de prix, la tapisserie, — la tapisserie neuve du moins, — devait voir croître sa valeur vénale en proportion de la hausse des salaires. Mais elle a ce privilège de vivre autant que les chênes ou les patriarches, de rester jeune pendant deux siècles, d'embellir encore en vieillissant et de résister si bien au temps, qui tout efface, qu'en se fanant même elle se revêt d'attraits nouveaux : ses fautes de dessin, si elle en avait, se corrigent avec l'âge ; ses nuances s'estompent et s'harmonisent ; elle garde, en s'éteignant, un charme, une dignité incomparables.

Ainsi douée par le destin, la tapisserie est d'autant plus appréciée qu'elle a jeté déjà ses premiers feux et traversé, avant de venir jusqu'à nous, quelques générations d'hommes. Aux yeux des connaisseurs, sa durée ajoute à son mérite, et son mérite, aux yeux des riches payeurs pour qui la cherté est un aimant irrésistible, est beaucoup multiplié par les enchères qui l'attestent. Deux et trois cent mille francs sont, depuis quelques années, les taux ordinaires d'une tenture authentique des Gobelins, bien conservée et de belle dimension, remontant au XVIIIe siècle. Tel châtelain de Normandie a refusé récemment l'offre de deux millions, pour une suite de cinq pièces d'après Boucher, garnissant les murs de sa salle à manger. Il en voulait un peu davantage.

Lorsque maître Simon, dans l'*Avare* de Molière, prétend compter pour 3 000 livres à l'amoureux Cléante la tapisserie représentant « les Amours de Gombaut et de Macée, » avec « le lit à bandes de point de Hongrie, appliquées fort proprement sur un drap de couleur olive, » la « grande table de bois de noyer qui se tire par les deux bouts, » les « trois gros mousquets avec les fourchettes assortissantes, » et autres ustensiles jusques et y compris « la peau d'un lézard de trois pieds et demi, remplie de foin, curiosité agréable pour pendre au plancher d'une chambre, » il nous semble vraiment qu'il y perd, qu'il fait un mauvais marché, la tapisserie seule pouvant bien valoir les 3 000 livres, — soit 10 000 francs actuels.

Au temps de Molière, Louis XIV payait aux Gobelins les pièces de l' « Histoire du Roi » sur le pied de 400 livres l'aune, ce qui correspond à 910 francs le mètre carré. Mais c'était un prix exceptionnel ; les « Batailles d'Alexandre » ou les « Eléments » ne valaient que 210 à 230 livres ; et la suite des « Actes des Apôtres » ne coûtait que 200 livres l'aune, — 405 de nos francs pour le mètre carré. — Ce dernier sujet était fort prisé et souvent reproduit. Mazarin, quelques années auparavant, avait fait mettre ses armes sur trois pièces d'une tenture des « Apôtres, » dont il fit présent à don Luis de Haro à l'occasion du mariage royal.

Si le Roi-Soleil, qui fit faire en trente ans, aux Gobelins (1667-1697), 101 tentures comprenant 824 tapisseries, avait dû les payer un prix approchant de celui auquel nos marchands d'antiquité les cèdent aux Américains d'aujourd'hui, ou de celui qu'elles atteignent à l'hôtel Drouot dans les ventes bien entraînées, ce pauvre prince eût été fort embarrassé. Heureusement, elles ne lui revenaient, l'une dans l'autre, *en monnaie de 1904*, qu'à environ 14 000 francs la pièce. Encore les trouvait-il trop chères, et restreignit-il ses commandes pendant la guerre de la ligue d'Augsbourg.

Cent vingt ans plus tôt (1549), Charles-Quint payait un moindre prix, pour la tenture de la « Conquête de Tunis, » exécutée pour lui à Bruxelles par le maître Guillaume de Pannemaker, conservée depuis lors à Madrid, et dont on a pu admirer quelques, spécimens à Paris, au Pavillon espagnol, lors de la dernière Exposition universelle, en 1900. Cette tapisserie, à 12 florins de Flandre l'aune carrée de Bruxelles, coûtait à l'Empereur, — d'après le pouvoir relatif de l'argent, ainsi que tous les prix contenus dans cet article, — 400 francs le mètre carré, en monnaie de nos jours. Chacune des douze pièces de cette tenture, ayant environ (104 aunes de 0,490 d. c.) 51 mètres, revenait ainsi à 20800 francs actuels. Les tapisseries des Gobelins, sous Louis XIV, n'avaient en moyenne que 24 mètres carrés ; elles étaient donc beaucoup plus chères. Ce mot de « tapisserie, » que nous employons encore indistinctement pour désigner la tapisserie « au point, » ouvrage de dame fait sur un canevas, et l'œuvre de haute et basse lice, avait souvent pour nos pères un sens plus vaste. Ils s'en servaient pour désigner toute étoffe servant à tendre les murs. Telles étaient les « bergames, » qualifiées au XVIIe siècle de « tapisseries de la rue Saint-Denis. » La tapisserie proprement dite n'éveillait pas, comme aujourd'hui, l'idée d'un tissu exceptionnel et hors de pair dans l'ameublement.

Tous les tissus étaient chers, parce que tous étaient longs à fabriquer. La matière dont ils se composaient, — soie ou laine, — influait sur leur valeur, autant que le travail qu'ils représentaient : un damas broché, un velours ciselé, un satin richement brodé, étaient plus précieux, il y a trois ou quatre cents ans, qu'une tapisserie commune en laine. De ces dernières il s'en faisait un peu partout. Elles étaient de vente courante, chaudes, solides à l'usage et abordables pour la bourgeoisie. C'était un cadeau raisonnable, et non pas une folie, que l'achat suggéré par M. Guillaume à Sganarelle d'une « belle tapisserie de verdure ou à personnages, pour mettre à la chambre de sa fille afin de lui réjouir l'esprit et la vue. » Il est vrai que M. Guillaume était marchand de tentures, comme M. Josse était orfèvre ; mais, avant l'invention du papier peint, il n'était guère d'autre habillement que la tapisserie, pour cacher la nudité des murs.

Avec le progrès moderne du tissage, l'abîme alla se creusant de jour en jour entre les étoffes artistiques, naguère les plus compliquées de façon ou de la plus riche substance, offertes à des prix sans cesse décroissants, et la chaîne de la tapisserie, immuable dans ses procédés, qui se recouvrait de trames savantes aussi lentement que jadis, mais de plus en plus chèrement, par suite de la hausse de la main-d'œuvre. Suivant la difficulté du dessin et la finesse du point, l'ouvrier tapissier avance plus ou moins vite, mais il n'avance pas en un an autant que la machine en un jour.

En fait de tapisserie, l'exemple mémorable de Pénélope fournit un type de fraude, capable de retarder l'achèvement de l'ouvrage ; mais, d'artifice susceptible de le hâter, nul jusqu'ici n'en a découvert. Aux temps prospères de cette industrie, lorsque les Flandres, sous Philippe II, se livraient à une production intense, pour fournir à tout le continent des échantillons de valeur graduée ; lorsque, dans les seuls environs d'Oudenarde, 12 ou 14 000 ouvriers vivaient de la tapisserie, on essayait bien de tricher un peu sur les problèmes du modelé, en nuançant les figures des personnages au moyen de substances liquides. Un édit de 1525 avait interdit cette pratique aux fabricants de Bruxelles ; et ces fallacieux « repeints » devaient être de tout temps assez usités, car nous voyons la même prohibition renouvelée, dès le moyen âge, en différents pays. De même il est souvent spécifié, dans les commandes faites aux tapissiers, que ceux-ci ne devront pas « employer de peinture pour les carnations et les visages. »

On faisait alors aux Pays-Bas des verdures « étoffées d'animaux » pour trente-huit francs de notre monnaie le mètre carré, — 18 sous 2 gros l'aune d'Enghien (1524). — A Paris, on en livra plus tard à 4 écus d'or l'aune française, — c'est-à-dire à 55 francs de nos jours le mètre carré, — pour la décoration de la salle des Etats de Bretagne, et le cardinal de Bourbon obtenait encore à meilleur marché, — 110 sous tournois l'aune, soit 40 francs actuels, — des tapisseries qu'il destinait à l'abbaye de Saint-Denis.

Ces derniers chiffres, rapprochés du salaire moyen des ouvriers à la même époque, prouvent que les tentures auxquelles ils se rapportent devaient être des plus communes. Pour arriver à les céder à ces prix de 55 et 40 francs *de nos jours*, qui, *intrinsèquement*, à l'époque, étaient trois fois moindres, tout en payant leur laine et en se réservant quelque profit, il fallait que les patrons y employassent des femmes et des apprentis à peine rétribués. Lorsque l'on exigeait un travail plus soigné, et de la soie dans les parties claires, le mètre carré montait à 148 francs, — 12 écus sols l'aune carrée, — comme on le voit en 1584, pour les tapisseries destinées à l'église Saint-Merry, dont le contrat de fabrication existe encore au musée Carnavalet.

Il y avait des « tapissiers » à tous prix : François Ier allouait 160 et 240 francs de notre monnaie, par mois, — 10 à 15 livres, — à ceux qu'il avait fait venir à Fontainebleau. L'archiduc-roi d'Espagne donnait aux siens, à Arras, 7 francs par jour, en 1501, et, cent ans plus tard, à, Bruxelles, des « réparateurs » à la journée sont payés 10 francs d'aujourd'hui. C'étaient des artistes ; tandis que la vicomtesse de Bohan en entretenait au XVe siècle qui, nourris sans doute dans son château, ne lui revenaient pas à 2 francs par jour. Sous Louis XV, il s'en trouve, dans le Midi de la France, qui reçoivent 3 et 4 francs. Ces « tapissiers-là » sans doute étaient plutôt des ouvriers en meubles, non des « bas-liciers, » tels que ceux d'Aubusson et de Felletin, où cette industrie s'était maintenue, et ne rapportait plus de quoi vivre au XVIIIe siècle.

Le commerce des tapisseries, écrit, en 1743, M. de Bonneval, inspecteur des manufactures, « retient les fabricants de ces localités dans une médiocrité surprenante et les ouvriers dans la plus profonde misère qui se puisse imaginer. Ils ne sont nourris à suffisance, d'un pain de *tourtre* où le son est joint au grain pour former plus de volume, ni logés à peu près pour se garantir des injures du temps. La plupart sont couchés sur une poignée de paille et leurs habillements excitent la compassion. Il semblera peut-être que cette description est exagérée, mais elle contient la vérité la plus exacte. Il n'y a point de fabrique dans le royaume où les ouvriers soient aussi misérables, quoique le métier exige presque autant de travail d'imagination que du corps. »

On n'a pas de peine à croire les assertions qui précèdent lorsque le même fonctionnaire nous fait connaître que les « très bons » ouvriers d'Aubusson gagnaient 7 à 8 sous, les « médiocres » 5 à 6, les « faibles » 4 à 5 sols… : or le pain *blanc* valait 2 sous la livre. Le bas prix des tapisseries expliquait cette situation lamentable, et il est vrai que les tentures d'Aubusson, à 30 et 40 livres l'aune, — 75 francs le mètre carré, — n'étaient pas d'une exécution bien merveilleuse. Mais les Gobelins eux-mêmes avaient baissé leurs prétentions.

Un grand seigneur contemporain possède, dans ses archives, le mémoire soldé par son aïeul, en 1705, à la Manufacture royale, pour une suite de cinq panneaux de « l'Histoire d'Esther, » d'après de Troy, qui n'ont pas cessé, depuis lors, d'orner le grand salon de la demeure historique où il réside. Le prix était de 383 livres l'aune, — 680 francs le mètre carré en monnaie actuelle, — très avantageux… pour le directeur des Gobelins, qui n'avait pas souvent l'occasion de traiter des affaires pareilles. Les 2 616 aunes de tapisseries, exécutées pendant les trente-trois années de l'administration de Neilson, parmi lesquelles figurent ces admirables tentures d'après Boucher, Coypel ou Van Loo, que l'univers se dispute à prix d'or, furent payées à ce chef d'atelier par Louis XV, son royal et presque unique client, sur le pied de 440 francs actuels, — 240 livres l'aune. — Louis XIV, on l'a remarqué, était plus magnifique.

Section II

Avant de voir se lever le jour de son nouveau triomphe, la tapisserie devait, au XIXe siècle, connaître les heures sombres de l'abandon, le dédain des générations mal meublées et mal habillées, qui ne surent ni aimer les beautés passées ni créer des beautés nouvelles, qui dépouillèrent l'acajou de ses bronzes, les hommes de leurs culottes et les femmes de leurs lampas à fleurs, et à qui nous devons les fauteuils « gondoles, » les poufs capitonnés, les globes de pendule, le boulle en cire à cacheter, les satins criards, le pantalon, le chapeau haute-forme, la crinoline et les bavolets.

Durant cette éclipse, les Gobelins, conservés comme une pièce traditionnelle de la machine bureaucratique, tissèrent à satiété des portraits, laine et soie, des princes régnants et de leur famille et reproduisirent, avec une servilité de génie, des tableaux qui n'étaient point conçus en vue de leur art. En cette besogne de copistes, ils se jouaient de toutes les difficultés, sauf de la difficulté d'avoir des modèles. Les industriels d'Aubusson se réfugièrent dans le tapis de pied et se sauvèrent par les moquettes à la mécanique.

Quant aux anciennes tentures, tombées dans le dernier mépris, des vandales, vivant sous le sceptre de Charles X, de Louis-Philippe et de Napoléon III, les réduisirent aux usages les plus vils, les dépecèrent sans vergogne ; et le traitement le plus doux qu'ils leur infligeaient fut de les laisser manger aux vers dans les greniers. Pour 620 francs la pièce, — d'environ 18 mètres carrés, — on put acheter en 1852, à la vente du domaine royal de Monceaux, les « Belles chasses de Maximilien, » dont plusieurs ornent aujourd'hui la grande salle à manger de Chantilly ; pour 212 francs, on obtint la « Toilette de Vénus, » de 3 mètres de haut sur 4 mètres de large ; pour 400 francs, la pièce, mesurant 25 mètres carrés, les « Conquêtes de Louis XIV, » etc., etc.

Il fut offert aux enchères, à cette date, une cinquantaine de tapisseries des Gobelins, des XVIIe et XVIIIe siècles, d'une authenticité incontestable et d'une parfaite conservation, et le public les paya sur le pied… de 25 francs le mètre C8 »ré. En 1862, deux pièces de l' « Histoire de don Quichotte » ne trouvèrent preneurs qu'à 500 francs ; en 1884, cinq panneaux de la même tenture se vendirent 140 000 francs et vaudraient maintenant un million peut-être. La réaction datait de la fin du second Empire où le goût commençait à renaître. Faute de pouvoir enfanter soi-même, on allait apprendre du moins à admirer les enfants d'autrui.

On allait même les admirer tellement et de façon si exclusive, que l'on se condamnerait à la stérilité. Pour nombre d'amateurs, le plus grand tort des tapisseries modernes, c'est de n'être pas d'anciennes tapisseries. Les intermédiaires que leur enseigne oblige à fournir du « vieux, » n'en fût-il plus au monde, ont activement recherché les tentures des âges précédents, encore susceptibles de faire figure. Ils en ont même rappelé de bien malades à la vie et ont réconforté, par d'adroites restaurations, bon nombre de personnages qui n'avaient plus de laine sur le dos ni de couleurs sur les joues.

Après avoir lavé à grande eau, — l'eau claire est préférable à toutes les drogues, — la guenille de tenture, grise et terne, pour faire apparaître ce qui subsiste de sa vivacité première, le réparateur, suivant la dépense que veut faire son client, reconstitue le dessin point par point, ou se contente de dissimuler les déchirures par des coutures invisibles, de boucher les trous par des morceaux provenant d'autres tapisseries, et de rafraîchir les tons passés au moyen de peintures à l'eau, au pastel, ou, mieux encore, aux acides tinctoriaux. Les teintes claires passent rapidement à la lumière ; en examinant de près les violets ou les roses qui semblent se recommander par un état extraordinaire de conservation, il y a bien des chances pour que l'effet soit obtenu à l'aide d'ingrédients habilement employés. Les teintures foncées ou noires ont, sur la laine, une action corrosive ; aussi les parties ombrées sont-elles généralement les premières à s'user.

Les ateliers de remise à neuf se gardent d'appuyer sur les détails des tapisseries communes, dont les tons se sont fondus avec lits années, mais dont le dessin grimaçant ne résisterait pas à l'analyse, s'il en restait davantage qu'une indication sommaire. Pour les belles pièces, la « rentraiture » exige autant de soins que le tissage primitif : telle est, par exemple, la réparation des dix pièces d'une tenture de Maurice de Nassau, — dites des « Indes, » — poursuivie depuis plusieurs années aux Gobelins, sur la demande du gouvernement de l'île de Malte, à qui ce travail coûtera environ 175 000 francs.

Mais, quelque parfaite qu'elle puisse être, une réparation, pour l'œil exercé, sera toujours visible : il y faut de toute nécessité employer des couleurs qui, bien qu'un peu plus « montées, » s'assortissent néanmoins à *l'état présent* de leurs voisines ; or, ces laines, nouvellement mises en œuvre, « baisseront » avec le temps. Tant que les tapisseries furent les seuls objets d'art qu'il n'y eût pas d'intérêt à singer par économie, les supercheries des vendeurs consistaient simplement à pallier assez les outrages des ans pour rendre présentables des avariées, des infirmes ou des mutilées. Depuis que le prix des belles d'autan est beaucoup plus haut que celui des belles d'aujourd'hui, le neuf trouve profit à passer pour vieux, et y réussit parfois grâce à l'imitation aisée des marques authentiques, quand l'acheteur, séduit par les coloris rompus et passés de la tenture, à l' « endroit, » n'a pas la précaution de s'assurer que l' « envers, » protégé par l'obscurité, conserve la crudité excessive des tons que les Gobelins ou les Beauvais d'il y a deux siècles avaient sur la face. Ces jeunes tapisseries, nées avec le masque de la vieillesse, privées de tous les tons francs et durables, deviendront avant peu complètement incolores.

Mais, bien que le goût, la mode si l'on veut, de ce noble tissu semble aussi grande qu'elle ait jamais été, il ne s'en fabrique pas plus, en France, aujourd'hui qu'il y a cinquante ans, et il ne s'en fait à peu près nulle part en Europe. Deux manufactures nationales, les Gobelins et Beauvais, entretiennent ensemble une cinquantaine d'ouvriers artistes et une vingtaine d'apprentis, travaillant uniquement pour l'Etat et les corps officiels ; — trois tapisseries seulement ont été vendues, depuis dix ans, à des particuliers par les Gobelins.

Le département de la Creuse, qui nous envoie des maçons par milliers, conserve, à Aubusson 500, à Felletin 200 tapissiers de basse lice ; exactement le même chiffre que sous Louis XV, au dire de l'inspecteur de 1743. Seulement leur situation a singulièrement changé. Les plus capables sont des espèces d'entrepreneurs, que les grands fabricants se disputent et s'attachent par des traités avantageux. L'un d'eux, travaillant avec son fils pour la maison Bracquenié, a pu gagner tout récemment 8 500 francs dans son année. L'ouvrage s'exécute en famille, bien qu'on obtienne plus d'unité, pour le meuble surtout, en groupant les métiers sous le même toit. Les marchandages laissent aux ouvriers, me dit-on, un salaire moyen de 300 francs par mois ; mais la production n'augmente pas, au contraire.

Qu'elle soit de « haute » ou de « basse lice, » c'est-à-dire que le métier soit posé sur le sol, à plat, devant l'ouvrier, ou se dresse vertical en face de lui, toujours la tapisserie s'exécute en représentant le dessin *en travers*. En d'autres termes, le tapissier n'est pas libre, comme le peintre, de commencer son tableau par le haut *ou* par le bas ; il lui faut tisser en même temps le haut et le bas, les ciels et les terrains, y compris les personnages ou les motifs intermédiaires, et conduire sa trame point par point, depuis ce qui sera la droite, jusqu'à ce qui sera la gauche de la tenture remise debout, après sou achèvement. Ce mode de travail, nécessaire pour que les ombres ou « hachures » s'offrent horizontales au regard du spectateur, complique fort le bon rendu des figures : il est particulièrement difficile de « mettre les yeux ensemble, » de les harmoniser, même en les plaçant sur le même fil de chaîne.

Les plus belles tapisseries ayant été faites aux Gobelins sur le métier vertical, ou de haute lice, celui-ci a plus de prestige ; mais il n'a sur la basse lice, seule en usage à Beauvais et à Aubusson, aucune sorte de supériorité intrinsèque. Il est matériellement impossible de distinguer, les unes des autres, les œuvres fabriquées de l'une ou l'autre manière. Il semble seulement que la basse lice soit plus économique, parce qu'elle permet une plus grande rapidité de travail.

En haute lice, le tapissier a son modèle derrière lui ; en basse lice, il le tend sous son métier et l'aperçoit à travers les interstices des fils de chaîne, sur lesquels, pour se guider, il trace au trait noir les contours du dessin qu'il doit suivre. Ces fils, en coton cordonné et retors, capables de supporter isolément le poids d'un kilogramme et maintenus rigides sur les rouleaux, communiquent, par de petits nœuds, avec des pédales que l'ouvrier manœuvre pour donner passage à la navette. Comme il lui faut changer constamment de couleur et sans cesse couper sa laine, il travaille à l'envers et ne peut juger de l'effet déjà obtenu qu'en retournant de temps à autre son métier, qui bascule sur un axe pivotant.

Les clairs et les « rehauts, » dans beaucoup de tapisseries, sont en soie, dont l'emploi, depuis quelques années, a même beaucoup augmenté. La valeur de cette soie, — 50 francs le kilo, — est six ou sept fois plus grande que celle de la laine, cotée de 7 à 10 francs et limitée aux ombres et aux demi-teintes. Mais ici le prix de la matière première est de petite conséquence ; sa qualité seule importe. La manufacture des Gobelins, qui ne consomme pas plus de 250 kilos de laine par an, eut, pendant soixante-quinze ans, un fournisseur qui lui livrait des écheveaux d'une égalité parfaite et d'une qualité supérieure, provenant de toisons champenoises. Elle essaya plus tard la laine des bergeries de Rambouillet, qui ne lui donna pas satisfaction.

Les filés actuels, originaires de l'Australie et de l'Argentine, beaucoup meilleur marché que les anciens, sont composés d'un mélange de fibres d'origines différentes, par suite plus ou moins sensibles à la teinture et sortant du bain inégalement colorés. Au lieu d'être brillante et lumineuse comme autrefois et de conserver, après la teinture, son aspect soyeux, il paraît que la laine moderne du commerce est terne et d'une couleur plombée.

Mais la question dont on se préoccupe le plus aux Gobelins, — où l'administrateur, cet artiste érudit qu'est M. Guiffrey, poursuit avec une admirable ténacité la restauration de la technique ancienne, — la partie vitale pour la tapisserie, c'est le choix des modèles. Cette muraille tissée ne doit pas être une fresque, moins encore un tableau. Susceptible d'être plissée comme l'étoffe, dont elle possède le grain et l'épaisseur meublante, elle présente, même tendue, un aspect gondolé, — « grippé, » — qui sied aux jeux de la lumière sur ses surfaces ouvragées. Elle n'a point pour office de créer des *précisions* ; elle doit réaliser des *effets*, traducteurs plutôt que reproducteurs du coloris des cartons. L'art de ces effets a toujours été puissant, malgré la sobriété des moyens.

Si l'on examine de près les plus célèbres tentures des XVIe et XVIIe siècles, dans la composition desquelles se rencontre une richesse inouïe de détails, on est frappé du petit nombre de couleurs différentes auxquelles leurs auteurs ont eu recours : trois rouges à peine, des bleus et des jaunes dans une gamme très réduite, et souvent de l'or et de l'argent. Les effets de coloration sont produits par des mariages ingénieux de fils, disposés de façon à donner la sensation de plus de tons qu'il n'en existe franchement. Los ouvriers de ces époques avaient perfectionné, par leur seul savoir-faire, par leur initiation aux convenances de l'art, qu'ils pratiquaient, les procédés de leurs prédécesseurs, qui, comme les peintres primitifs, n'avaient que peu de couleurs à leur disposition, parce qu'ils les broyaient et les délayaient eux-mêmes.

Sous Louis XV, commença la lutte des tapissiers et des peintres de modèles ; les premiers soutenant qu'il existait un « coloris de tapisserie, » dont ils avaient le secret, et que l'emploi seul de ce coloris pouvait assurer à leurs œuvres une longue conservation. Mais comme, tout en protestant, les tapissiers copiaient les cartons de Boucher, dont ils se plaignaient, avec une si merveilleuse adresse que nul aujourd'hui ne saurait l'égaler, le public admirait et se pervertissait le goût avec délices. A l'exécution franche des anciens maîtres, qui ménageaient les demi-teintes et les transitions au moyen de hachures, mêlant les tons contrastés qu'il s'agissait de fondre, on en vint, sous Louis XVI et sous le premier Empire, à substituer un système où les Ions juxtaposés offraient l'apparence d'une mosaïque de laines.

Jadis on n'avait pas plus de 70 couleurs, — c'est avec un chiffre approchant que les Gobelins, il y a quelques années, ont reproduit une pièce de l' « Histoire du Roi, » en relevant les tons primitifs sur l'envers de l'original du temps de Louis XIV, — aujourd'hui, d'après les travaux de Chevreul, il *pourrait* exister 14 400 nuances ; en fait, il en existe aux Gobelins 1 000 ou 1 200, échantillonnées dans les tiroirs et figurées sur une sorte de disque, où les teintes varient dans le sens de la circonférence et où chacune varie d'intensité dans le sens du rayon. Les couleurs numérotées 0, à l'entour du cercle, sont toujours les plus franches de chaque gamme ; elles sont « rabattues » ou atténuées de zone en zone, vers le centre, jusqu'au gris. Ainsi l'orangé « à trois ou quatre de rabat » se rencontre au troisième ou quatrième compartiment des orangés, en partant du bord.

Cette richesse de palette est un luxe dangereux. Elle ruinerait l'art qu'elle prétend servir, et qui désormais s'interdit d'en user. A raffiner et subtiliser, à tenter l'impossible dans la recherche des tonalités fugitives du pinceau, la tapisserie aboutit à imiter chèrement une peinture sur toile : elle perd l'ampleur et la magnificence qui lui sont propres. Sauf quelques chefs-d'œuvre de virtuosité, parades d'Exposition, d'ailleurs froidement accueillis du public compétent, l'industrie privée, les Bracquenié, les Hamot, sont entrés dans la voie, tracée par les manufactures nationales, des oppositions vigoureuses et de la simplification des modèles. Aussi bien dans les chairs que dans les draperies, on a reconnu que les points de soie trop fine devenaient « plats » en imitant le pastel.

Suivant la grosseur du point, l'ouvrage, on le conçoit, est plus ou moins long à exécuter : l'ouvrier d'Aubusson, en qualité commune, fera 20 mètres par an, et 6 ou 8 mètres seulement en tapisserie fine. Aux Gobelins, l'artiste qui a produit le plus a fait, depuis dix ans, 32 mètres ; celui qui a produit le moins en a fait 10. De 1893 à 1903, la moyenne de surface tissée est de *un mètre vingt et un centimètres* par tête et par an.

Il semble que les tapissiers du XVIIe siècle, dont quelques-uns se sont succédé de père en fils devant le métier, les Vavoque de 1638 à 1829, les Simonet de 1680 à 1831, travaillaient plus rapidement. Les 250 ouvriers de Louis XIV fournirent quelque 650 mètres chaque année, soit 2m, 66 chacun, tandis qu'au XVIe siècle, les 84 tapissiers de Charles-Quint, auteurs des douze pièces de cette « Conquête de Tunis » dont j'ai parlé plus haut, fabriquèrent chacun trois aunes de Bruxelles par an, soit un mètre cinquante centimètres carrés actuels. Mais il est possible que les maîtres-ouvriers fussent assistés, dans leur besogne, par des aides ou des apprentis dont la présence n'était pas toujours mentionnée dans les comptes de jadis.

Section III

Pour les tapisseries, comme pour les tapis de toute sorte, la teinture des laines est une opération préliminaire qui a suscité, de nos jours, de nombreuses et délicates controverses. Les couleurs minérales, tirées de la houille, doivent-elles être irrémédiablement condamnées ? Sont-elles, au contraire, susceptibles de progrès, et n'ont-elles pas en effet sensiblement progressé depuis leur découverte, il y a un demi-siècle ? Le reproche, fait de nos jours aux tissus, de n'être pas « bon teint » ne date pas d'hier. Je remarque dans des édits royaux, vieux de deux siècles et demi, — ils remontent à Louis XIII, — des doléances très amères sur les couleurs dégénérées des teinturiers, que le gouvernement d'alors accusait de détériorer les textiles par leurs « méchantes drogues. » Pour mettre fin à ce dévergondage, l'Etat donnait la liste des « bonnes et loyales teintures » et des « fausses et défendues. » Parmi les premières, le « pastel » était une des plus recommandées ; l'indigo, au contraire, était honni, proscrit ; et, comme les prohibitions légales ne suffisaient pas, semble-t-il, à arrêter l'essor de cet « anil » ou « bois d'Inde, » des pénalités draconiennes furent organisées contre les introducteurs ou « receleurs. » N'empêche que l'indigo détrôna cet antique pastel dont la France avait longtemps pourvu l'Europe, dont le trafic était un des plus notables du Midi, — un marchand de pastel avait, sur la demande de Charles-Quint, cautionné la rançon de François Ier, — et à qui l'on réservait toujours, en temps de guerre, un traitement de faveur. Sous Napoléon Ier, grâce au blocus continental, le pastel revit quelques beaux jours, puis disparut à nouveau.

En attendant que les nouveaux colorants aient fait leurs preuves, les chimistes des Gobelins, qui fournissent aussi les ateliers de Beauvais, n'emploient que quatre substances végétales ou animales : les rouges de garance ou de cochenille, le jaune de gaude et le bleu d'indigo, isolés ou mélangés, y sont les bases exclusives de toutes les nuances. L'emploi de ces matières n'a rien d'immuable ni de sacramentel. Les luttes que je viens de rappeler, entre le pastel et l'indigo, ne sont pas les seules qu'il y ait eu dans le passé : la cochenille, cet insecte exotique, ne fut admise à faire concurrence à la racine de garance qu'après des polémiques passionnées ; quant au fustet et à la gaude, ces bois du Brésil et de Cuba dont on tire le jaune, ils sont d'une introduction assez moderne.

Il ne faut pas avoir la superstition des couleurs végétales et rien ne prouve qu'à celles d'aujourd'hui des matières minérales ne se substitueront pas un jour. L'alizarine est aussi solide que la garance, et de grandes maisons de tapisseries usent avec succès, pour le jaune « mandarin, » des dérivés de la houille, parce que les jaunes végétaux, même aux Gobelins, n'ont jamais été très bons.

Les découvertes de la chimie ont, depuis vingt ans, transformé l'industrie tinctoriale. L'Allemagne possède des usines, dont une seule au capital de 20 millions de francs, — la *Radish und Anilin Soda Fabrik* de Lucius et Brüning, fondée en 1865 avec 30 ouvriers, — occupe aujourd'hui 7 000 ouvriers. Elle produit par synthèse un indigo artificiel à base de naphtaline ; un ponceau, dont le premier kilogramme revint à 180 francs et coûte maintenant 1 fr. 85 ; une « rhodanine, » qui valut d'abord 45 francs et se vend aujourd'hui 4 fr. 50. Ces nouveaux colorants n'ont rien de commun avec les fuchsines ou anilines, obtenues à l'origine et désormais condamnées. Ils sont, au dire de plusieurs savants, d'une durée non seulement égale, mais supérieure même aux teintures végétales ; et leur mérite est si évident que, dans l'Inde, sa patrie, la culture de l'indigo diminue et cède la place à celle du coton.

L'Orient semble fidèle pourtant jusqu'à ce jour à ses colorants traditionnels dans la fabrication des tapis et, malheureusement, lorsqu'il utilise des substances minérales qui lui arrivent en boîtes, munies d'étiquettes européennes, ce ne sont pas toujours les meilleures ; parce qu'il faut être très renseigné pour distinguer, par exemple, la bonne « rocceline » de la mauvaise. Ce n'est pas du reste par économie ni pour simplifier la manipulation que les Turcs rehaussent et avivent, avec ces teintures d'importation, leurs couleurs matrices. C'est pour plaire au goût de l'Occident, qui demande des dessins compliqués, des nuances brillantes, des variations de riche coloris.

Les éléments ordinaires des fabricants de Smyrne et d'Alep sont, pour le gris et le noir, les fruits du chêne velani, ou noix de galle. D'Anatolie leur vient la garance, ou « lizari, » mélangée depuis 1840 à la cochenille. Quoiqu'ils emploient les mêmes mordants que nous : sulfate de fer et alun pour les bruns, acide sulfurique pour les indigos, nitrate d'étain pour les rouges, quelques laines indiennes, mal corrodées, ne prennent pas bien la teinture et se mangent aux vers.

Les bois rouges ou jaunes, le campêche ou le catéchu, — quoique ce dernier soit originaire du Levant et très prisé en Europe, — sont inconnus des Asiatiques. Ceux-ci, en revanche, ont force végétaux que nous ignorons ; la baie jaune de nerprum, qu'ils tirent de Kaisarijeh, — Caramanie, — la racine chinoise de curcuma, qui, seule, pâlirait assez vite, mais est excellente dans les combinaisons. Les teinturiers persans ont, comme les nôtres, leurs secrets de métier religieusement gardés : tel est l'art de faire du rouge avec la laque des Indes, le kermès et le tartre du vin ; ou le vert de mer avec un mélange de limaille de fer, de lait caillé, de vinaigre ou de jus de raisin amer. Ils obtiennent, de la pelure de grenade, les tons crèmes et les tons jaunes de la feuille de vigne. Leurs procédés sont tout primitifs. Il est vrai que, lorsqu'ils ne peuvent réassortir exactement une teinte qui vient à manquer, ils continuent le tapis commencé dans une couleur approximative.

Section IV

Nous avons perfectionné depuis soixante ans les méthodes des Orientaux, en fait de teinture comme en fait de tissage ; mais ce sont eux qui furent nos premiers maîtres. Au temps de La Fontaine, lorsque le rat de ville invitait à dîner le rat des champs,

D'une façon fort civile…
Sur un tapis de Turquie
Le couvert se trouva mis.

Aujourd'hui le rat des champs n'a pas encore son tapis turc ; mais, grâce à la découverte des « impressions sur chaîne, » il a du moins une descente de lit, de type modeste, à 1 fr. 50 ou 2 francs le mètre, la même que, passés éducateurs à notre tour, nous exportons chez des peuples à peine policés pour leur apprendre l'usage du tapis.

Cet usage, nos pères l'ignoraient encore au XIVe siècle, même lorsqu'il existait depuis longtemps à Paris une confrérie de tapissiers « sarrasinois, » élèves, nous dit la légende, des hordes anéanties naguère par Charles-Martel et, plus probablement, initiés à l'industrie du « point noué » par les marchands vénitiens ou les Maures d'Espagne. Fouler aux pieds ces riches tissus de haute laine eût semblé profanation aux châtelains du moyen âge ; on les suspendait aux murs, on en couvrait les bancs ou les tables, mais on n'avait pas idée de marcher dessus.

Chez les grands, on étendait sur les dalles, en guise de tapis, de la paille ou des herbes fraîches et odoriférantes ; sorte de litière faite pour les hommes, comme celle de l'écurie pour les chevaux, mais plus soignée. On recouvrait aussi le carrelage d'un sable fin, où les dames excellaient à faire des dessins à l'aide d'une brosse, luxe réservé chez les modernes aux terrasses des cafés. En Angleterre, ce pays du confort, l'usage des tapis sur les parquets ne commença que sous le règne d'Elisabeth. Les Français et les Espagnols, après avoir d'abord inventé pour leurs demeures des carpettes en bandes de cuir entrelacées, osèrent, par un luxe inouï jusque-là, joncher le sol de tapisseries pareilles en tout à des tentures murales, mais d'une chaîne et d'un point beaucoup plus gros.

Ce fut l'origine des tapis ras d'Aubusson, qui furent en honneur jusqu'à nos jours, dont il se fait encore quelques exemplaires sur commande, mais qui, industriellement, sont à peu près abandonnés. Ils se vendaient 50 francs le mètre carré en 1870 ; la matière première revenait à 10 francs, la façon à 25 francs, — un ouvrier faisait son mètre en six ou huit jours. — Aujourd'hui la matière première coûterait le même prix, mais la façon a plus que doublé, et le tapis ras, à dessin géométrique, apprécié sous

Louis-Philippe, solide, mais sec au marcher, a cédé le pas aux tapis importés d'Orient, plus moelleux et moins chers.

C'était pour imiter ces tapis du Levant qu'en 1621 deux « artisans » de la galerie du Louvre, Dupont et Lourdet, s'étaient établis à Chaillot avec privilège royal dans un hospice, dit de la « Savonnerie, » fondé par Marie de Médicis. La manufacture de ce nom, réunie en 1824 aux Gobelins, ne consiste plus qu'en un atelier, dans lequel une dizaine de tapissiers fabriquent chacun en moyenne 1m, 30 de tapis par an. D'octobre 1893 à 1903, ils ont *ensemble* tissé 130 mètres. Si l'Etat mettait en vente ces rares et précieux spécimens, dont il orne les palais nationaux, il ne pourrait les céder sans perte à moins de 4 000 francs le mètre. Non que la matière en soit onéreuse : un mètre de Savonnerie représente l'emploi de 10 kilos de laine, dont la moitié tombe sous le ciseau de l'ouvrier. Mais, outre la main-d'œuvre, il faut compter les frais généraux, répartis sur 13 mètres par an, et le paiement des modèles plus rares en tapis qu'en tapisserie.

Dans l'industrie privée, où le genre « Savonnerie » est exclusivement confié à des femmes, les tapis peu élevés en laine, les seuls dont le point est assez nourri, assez serré, pour se laisser tondre de près sans « montrer la corde, » reviennent à un prix très supérieur à ceux de leurs rivaux de l'Orient et, il faut bien le dire, ne les surpassent pas en charme ni en qualité. Les grandes maisons anglaises, émules des nôtres dans cette production, ne peuvent davantage rivaliser avec les tissus d'Ouschak, de Téhéran et de Sultanabad, parce que chez elles un tapis fin, de 10 points au centimètre carré, monte à 105 francs le mètre. Seule la façon mécanique enlèverait leur monopole aux ouvrières d'Asie, le jour où elle parviendrait à imiter leur ouvrage. Qu'il s'exécute à Paris, dans l'atelier national de la Savonnerie, ou à Aubusson, ou dans les villages perdus de l'Afghanistan, de Boukhara et du Caucase, la structure du tapis à la main est identique. Il consiste en une suite de nœuds coulants, faits d'une double mèche de laine sur les fils de la chaîne verticale du métier. Il y a peu d'années encore, le droit de se livrer à cette fabrication en Asie Mineure n'était concédé qu'à la population musulmane. Les Grecs et les Arméniens ne l'obtinrent qu'en 1865, après de grands combats avec les teinturiers turcs qui fournissaient la matière première.

Ouschak, l'un des centres où de 8 à 9 000 ouvrières sont occupées à la confection du tapis lourd, dit « de Smyrne, » tire sa laine des hauts plateaux, déserts et pauvres, de Phrygie. L'élevage du bétail y est la base du revenu et de l'alimentation des Kurdes, qui envoient chaque printemps vendre la tonte de leurs brebis au marché central de Siwrihassar, au pied du Gunech-Dagh. Cette laine, comme toutes celles de l'Orient, rude et dure, moins fine que les nôtres, a aussi le mérite de ne point se tasser, se feutrer sous le pied. Celle qui ne sert pas aux tapis va en Amérique se transformer en draps et en couvertures. L'autre est soumise, dans les eaux chaudes provenant de montagnes volcaniques des environs de Koula, à un lavage soigné où elle perd environ moitié de son poids. Cardée ensuite et filée par les méthodes les plus rudimentaires, — le gouvernement, devant les protestations des indigènes, a refusé de consentira l'établissement de filatures mécaniques, — elle est livrée aux négociants qui la fournissent aux tisseuses.

Celles-ci fichent en terre deux pieux, distants l'un de l'autre de la longueur du futur tapis, tendent sur eux leurs fils de chaîne qu'elles fixent à chaque bout sur un cordon qui maintient l'écartement, trempent les deux extrémités, qui représenteront plus tard les franges, dans du rouge ou dans du vert et étalent la chaîne, ainsi ourdie, sur les rouleaux, — les « ensouples, » — du métier charpenté en bois brut. Chaque fois que l'on a noué deux lignes de points, on frappe avec le peigne, — peigne de bois en Turquie, de fer en Perse, — pour unir la nouvelle rangée de nœuds à la précédente ; on égalise la surface avec des ciseaux ; puis on passe, en travers de la chaîne, deux à trois « duites » dans les tapis de belle qualité et, dans les tapis communs, jusqu'à six « duites ; » c'est-à-dire des fils de trame qui soutiennent le point et forment un fond invisible à l'endroit. Les filles commencent l'apprentissage à six ou sept ans ; assises dès le lever du soleil à côté de leurs mères, elles apprennent à nouer et à frapper du peigne les rangées de points. Au bout de deux ans, elles sont salariées et, d'année en année, achètent des pièces d'or perforées, quelles portent alignées en chapelets, soit au bras, soit en collier, soit au bord de la coiffe, témoignage de leur capacité et représentation de leur dot.

Ces ouvrières, dont les mœurs sont pures et les besoins restreints, sont les privilégiées de l'Orient, puisqu'elles gagnent par semaine

15 piastres, — environ 4 francs, — tandis que leurs semblables, en Perse, ne sont payées que 25 centimes par jour, — un demi-kran. — Les meilleures ne sont pas payées du tout, ou du moins le sont d'une autre manière, parce que le patron les épouse pour être sûr qu'elles ne le quitteront pas. Ce système d'embauchage offre à nos yeux européens des aperçus assez neufs sur les rapports du capital et du travail, et sur le moyen de les concilier. Il n'est toutefois pratique qu'en pays de polygamie... et d'esclavage. Ces mariages, en effet, sont plutôt des achats. Chez les Turcomans, une toute jeune fille coûte 100 tomans (650 à 700 francs) à son premier mari, 200 à son second, si elle perd le premier, 300 au troisième, avec 100 tomans d'augmentation à chaque mari jusqu'au dixième. On suppose qu'en vieillissant, son habileté de tisseuse a grandi. De là, cette surenchère, dont la mariée ne profite pas, d'ailleurs : le prix est payé à son père et, à défaut de père, à son plus proche parent mâle.

Si l'ouvrière de Perse n'était pas beaucoup moins payée que celle de Turquie, les tapis persans, qui coûtent le double des tapis turcs, coûteraient cinq ou six fois plus cher. Le jour où la femme persane serait émancipée, échangerait son obscur réduit musulman contre une condition sociale plus relevée, les tapis d'Irak ou de Merv deviendraient une chose des temps passés ; il ne s'en ferait plus, parce qu'ils ne trouveraient plus guère d'acheteurs.

En Asie Mineure, les dessins « vieux turcs, » désignés sous les noms d'Ilan, Japrac et Sofra, sont si connus des ouvrières, par tradition, qu'elles les reproduisent de mémoire, sans modèle. Ce sont les « barchanas » à trois couleurs, que les magasins de nouveautés ont popularisés en France. Mais, qu'il s'agisse de sortes à bon marché ou de « fantaisie, » ces dernières plus difficiles et mieux rétribuées, le travail est beaucoup plus rapide en Turquie qu'en Perse, — sauf pour quelques tapis en poil de chèvre, lustrés et soyeux — parce que le point est beaucoup plus gros. Il comporte en moyenne deux nouements au centimètre, de 16 000 à 2i 000 nœuds de laine par mètre carré.

Dans le tapis persan, bien plus serré, même en qualité ordinaire, il se trouve 100 000 points au mètre carré, et il faut 300 heures pour nouer ces 100 000 points. Pour les « tapis de prière, » en poil de chameau, pour les très rares surtout, plus souples que la soie, faits en « kurk, » toison d'hiver et fin duvet qui se trouve au ras de la peau des brebis, la subtilité du travail devient incroyable. Certains d'entre eux ont jusqu'à 100 nœuds au centimètre. Le plus curieux est qu'en Perse, dans les demeures aisées, se trouvent bon nombre de tapis européens, de qualité, de dessin très inférieurs, et fort peu de produits du pays.

Qu'ils proviennent des campements de tisserands nomades, comme les Afschars et les Shahsevans, ou des sédentaires du Kourdistan et de Méched qui tissent dans leurs maisons en hiver, dans leurs cours en été, le tapis, exécuté sur commande et soigné ou commun et fait d'avance, — *fermaïshi* ou *maoudjoudi*, — n'exige d'autres outils qu'un peigne, le *shaneh*, une paire de ciseaux et un couteau. Quatre femmes en ligne, les jeunes au milieu, les plus expérimentées aux deux bouts, sont assises devant le métier sur une échelle que l'on élève au fur et à mesure de l'avancement de l'ouvrage. Quand le tissage approche du plafond, on descend l'échelle, on déroule une seconde hauteur de chaîne et l'on continue. La province d'Irak, où sont éparpillés 5 000 métiers, produit *annuellement* 4 000 tapis pour l'Europe ; en France, la principale manufacture de moquettes fabrique à elle seule 5 000 mètres de tapis *par jour*.

Les ouvrières nomades du Kourdistan inventent et varient le dessin d'année en année, selon leur plaisir. En général, le modèle est reproduit sur un papier à carreaux, dont chaque carré représente un nœud, puis découpé en petits morceaux et distribué aux tisseuses ; à moins que celles-ci ne soient placées sous la surveillance d'un « kalifeh » homme, liseur du dessin, appelant : un rouge, trois bleus, deux blancs, comme pour nos anciens métiers à la tire. Il ne manquait pas de tisserands, dépensiers ou de mauvaise foi, qui vendaient les modèles en réduction, — les « Vagireh, » — à eux confiés au moment de la signature de leurs contrats ; depuis quelque temps, le gouvernement persan est intervenu pour protéger la propriété des dessins du marchand européen.

L'Europe est, en effet, devenue le principal débouché des tapis d'Orient que, non contente d'importer, elle inspire et commande aux indigènes. Il en est expédié pour la France un million et demi de kilos chaque année, et cinq fois davantage pour l'Angleterre, pays d'entrepôt universel. Et, malgré les droits de douanes, qui varient chez nous, suivant la finesse, de 80 à 240 francs les cent kilos, malgré le coût et la lenteur des communications par caravanes jusqu'au golfe Persique ou à la mer Caspienne, — la balle de tapis met deux mois et demi à venir de Téhéran à Paris et sa valeur originelle est accrue de 30 pour 100 par le transport, — le chiffre de ce commerce augmente sans cesse.

Son origine est moderne. Il y a quarante ans, le seul tissu oriental d'une demande suivie était un objet de toilette et non d'ameublement, dont la vogue avait commencé avec le premier Empire et devait finir au milieu du second : le châle, ou shall, ainsi nommé peut-être d'une ville du Belouchistan, quoique fabriqué dans la capitale du royaume de Kachmir. Avoir dans sa corbeille, puis sur ses épaules, un « cachemire de l'Inde, » pièce d'étoffe multicolore, pliée en diagonale de manière à se terminer uniformément en pointe, à la hauteur des jarrets, fut l'apanage distinctif de la haute bourgeoisie sous le règne de Louis-Philippe. Les personnes aisées avaient un châle « carré, » les riches en avaient un « long, » les très riches en avaient à la fois des longs et des carrés ; vêtements lourds sans être chauds et d'un porter difficile.

Les héroïnes de Balzac ne souffraient que des cachemires authentiques ; celles de Mürger aspiraient modestement aux cachemires français, car l'imitation des châles de l'Inde était une industrie florissante et faisait vivre des dizaines de milliers d'ouvriers à Paris, à Nîmes et à Lyon. L'introduction des produits indous était ainsi fort lucrative, et ce ne fut pas sans inquiétude que M. Dalsème, l'un des négociants qui s'y livraient avec le plus de succès, vit les dames, vers 1865, lasses du biais consacré par un demi-siècle, draper leurs châles en plis nouveaux, puis les coudre en « confections » ajustées à la taille, enfin s'en dégoûter sur leurs personnes et en couvrir les tables et les pianos, d'où ils ne tardèrent même pas à disparaître, relégués définitivement dans les armoires. Dans l'intervalle, le débit de cet article avait tout à fait cessé. La maison que nous venons de citer, dont il avait fait la fortune, eut beaucoup de mal à solder, vers 1892, pour le prix uniforme de 40 francs, 200 châles qui lui restaient, à un marchand américain. Celui-ci parvint, à force de réclame, à écouler avec un léger profit, parmi les négresses et los cuisinières du Nouveau Monde, ces précieux cachemires, recherchés par les grandes dames du vieux continent alors qu'ils coûtaient mille francs et davantage. M. Dalsème, utilisant les relations que sa clientèle étendue lui avait values à l'étranger, eut alors l'idée de faire venir des tapis d'Orient, pendant que son ancienne rivale dans le trafic des châles, — la « Compagnie des Indes, » — se rejetait sur les dentelles. Il débuta par les spécimens rouges, bleus et verts de Smyrne, rechercha ensuite les vieux tapis que lui fournirent ou lui prêtèrent gracieusement des voyageurs, collectionna des modèles dans les livres et, muni de ces documents, imagina de ressusciter, parmi les types oubliés, ceux qui se prêtaient à la reproduction en qualité marchande. Tous les dessins, en effet, ne sont pas pratiquement susceptibles de copie. Tel chef-d'œuvre, comme celui de la mosquée d'Ardébil, payé 62 500 francs par le musée de Kensington, à Londres, ou comme ceux que possèdent notre musée des Arts décoratifs ou notre manufacture des Gobelins, exécutés en points gros comme des têtes d'épingles, ne se font plus, parce qu'imités en points gros comme des lentilles, ils ressembleraient à des caricatures.

Le succès de cette tentative fut très rapide. Elle provoqua de nombreuses et actives concurrences, dont le résultat fut d'industrialiser » terriblement une tâche presque artistique naguère. Le *baboo*, marchand indien, passa des contrats avec les habitants d'Hyderabad, dans le Nizam, et de Mazulipatam, dans la présidence de Madras, pour des sortes grossières, mais à bon marché. Le gouvernement anglais imagina d'employer les condamnés, dans les prisons de l'Hindoustan, à la réédition des merveilles qui jadis s'étaient créées dans les palais sous la surveillance des rajahs. Essai fructueux au point de vue économique, désastreux comme résultat esthétique ! Les pauvres tisserands libres, incapables de soutenir la lutte, se dégoûtèrent.

La Perse aussi, pour répondre à la demande énorme de tapis, s'attache uniquement à ce qui, dans les divers pays, est de vente courante. Qui prétend à la finesse doit, non seulement payer cher, mais attendre avec patience que les gros consommateurs soient servis.

Section V

« Tout périt en ce monde, dit un proverbe persan, excepté le visage céleste. » Cependant les formes orientales semblent immortelles et, si notre ingérence européenne tend à détériorer la substance des tapis, elle en respecte les dessins et les réveille même pieusement de leur sommeil. Où sont nés ces animaux fantastiques, ces génies, ces dragons ou ces phénix, cet « arbre de la vie » et ces noyaux de fleurs caliciformes, ornés d'une couronne de feuilles flamboyantes, encadrantes ou enchevêtrées ? D'où nous viennent ces symboles figuratifs, ces bordures aux ondulations de vagues et de nuages, ces rivières serpentines et ces chevrons muraux, que nous retrouvons émaillés sur les briques de Suse, sculptés sur les marbres de Ninive, que connaissaient Homère et les Homérides, et qui se transmettent sur les tapis tissés de générations en générations ?

Sont-ils issus de l'imagination des Aryens ou des Sémites, d'Iran ou de Touran ? Se rattachent-ils à une source commune, au tatouage rituel et mythologique des premiers hommes ? — Car le tatouage est le plus vieux dessin pour costume. — Qu'ont-ils signifié à l'origine et quel sens ont-ils pris au cours de leur développement ? Sont-ce là des déformations hiéroglyphiques, exagérées encore par la rudesse du tracé ? Les types que nous possédons dans les musées sont trop peu nombreux et surtout trop récents pour le dire.

Les Orientaux ont mis leur âme dans leur art ; ils ne voient pas les choses des mêmes yeux que nous. Ils ont d'autres goûts : mieux que nous, ils savent aimer les fleurs. L'Hindou les prise en guise de tabac pour aspirer plus violemment leur parfum ; le Persan s'assoit sur son tapis déplié devant la fleur de son rêve, lui offre sa prière, chante une ode de Hafiz, puis, au coucher du soleil, roule son tapis sous son bras et rentre heureux en silence. Il y revient le lendemain jusqu'à ce que la fleur se fane et meure. La plupart des inscriptions persanes, tissées dans les tapis, se rapportent à des fleurs ; « La rosée a semé des perles dans le calice de la tulipe, » dit celle-là, et celle-ci dit : « La violette, pleurant la verdure fugitive, a revêtu la robe bleue de deuil. » Hérétique dans l'Islam, le Persan a conservé les décorations animales, proscrites chez les Turcs, et incorpore à ses tapis des poésies qui les commentent : « Sous le feuillage de chaque branche, dans ce jardin vert, les rossignols sont enivrés au point de ne pouvoir s'envoler. » Un autre contient ces vers :

O oiseau, n'attache point ton cœur à la compagnie de la rose ;

Car, avant toi, mille autres se posèrent sur cette branche, puis s'envolèrent.

Le charme de ces devises, contemporaines du chah Ismaïl Ier, en l'an 905 de l'hégire, — 1527 de notre ère, — la belle époque des tapis, ne saurait être que faiblement goûté par les clients du *Bon Marché* ou de la *Place Clichy*, qui ne parient guère le persan. Et les dessinateurs orientaux ne sauraient pas plus s'astreindre à nos principes, que nos artistes français ne parviendraient à se pénétrer des méthodes exotiques. Dans ces tissus aux teintes adoucies qui semblent refléter la lumière sur leur surface miroitante, la décoration n'obéit à aucune loi. Il n'est fait, parmi ces figures étranges qui ne sont ni feuilles ni oiseaux, aucune distinction des sujets d'ornement en « dominants » et en « remplissais. » En Europe, nous aimons les objets connus et définis ; notre composition se décrit aisément, — on la saisit à première vue, par la subordination des motifs dispersés et accessoires au squelette caractéristique qui en forme la base.

Cependant, nous sommes las de nos anciennes formes, de nos anciens styles ; nous demandons à tous les échos l' « art nouveau, » l' « art moderne » de l'ameublement, quitte à l'emprunter à l'antiquité babylonienne ou égyptienne, comme fait la joaillerie, en démarquant les bijoux, vieux de quatre mille ans, de cette princesse de la XIIe dynastie dont le trésor est exposé au Musée de Ghiseh.

Le public, saturé de la récapitulation, de la reconstitution perpétuelle des modes passées, demande aux artistes de secouer la science historique qui les étreint et les accable, pour se livrer au seul caprice de leur imagination. Rien de génial n'a été enfanté jusqu'ici par les évolutionnistes, désireux de s'affranchir des traditions et avides d'effets qui tranchent complètement avec les redites décoratives. Des compositions hybrides, sous prétexte de « stylisation de la fleur, » se sont égarées dans la bizarrerie des lignes. Seuls, les fervents du genre « Liberty » peuvent savourer pleinement la primeur de ces aberrations du goût. Mais un « style » ne naît pas tout d'un coup et en un jour, et la loi de la vie est d'ambitionner pour demain autre chose que la chose d'hier. Les dessinateurs industriels doivent s'initier aux secrets de la fabrication à laquelle ils collaborent, aux ressources constitutives des chaînes et des trames, s'il s'agit du tissé, des couleurs et de leurs applications multiples, s'il s'agit de l'impression, enfin des dimensions, de la contexture et de l'emploi de l'étoffe en qui, pratiquement, leur composition sera traduite.

Section VI

Les grandes usines françaises de moquettes, pour satisfaire leur clientèle où tout gros marchand prétend avoir en propriété exclusive ses dessins privilégiés, s'évertuent à en inventer sans cesse de nouveaux. M. E. Laine, à Beauvais, en crée près de 500 par année, que lui fournit son atelier de peintres d'esquisses et que ses « metteurs en carte » précisent et approprient au tapis Jacquard, au tapis « chenille, » au tapis bouclé ou velouté et imprimé sur chaîne. Ce dernier type, inventé en Angleterre, est, par son prix modeste, le plus répandu, le plus intéressant pour la foule des petits consommateurs. En France, l'industriel remarquable dont je viens de citer le nom est seul encore à produire cet article qui, jusqu'à lui, nous venait exclusivement d'outre-Manche.

Dans la manufacture E. Lainé, où travaillent 1 600 ouvriers des deux sexes et d'où sortent annuellement 1 500 000 mètres de tapis, les toisons exotiques qui arrivent « lavées à dos, » c'est-à-dire après désuintage, passent d'abord au « léviathan. » On appelle ainsi une suite de bacs d'eau chaude, additionnée de carbonate de soude et de savon, où la laine, remuée par de grandes fourchettes, puis séchée entre des rouleaux compresseurs, replongée ensuite dans un nouveau bassin, en sort, après cette opération quatre fois répétée, propre à être envoyée au séchoir. Entraînée dans un vaste tambour qui tourne lentement au milieu d'un local surchauffé d'où l'air humide est aspiré par un ventilateur, elle est, aussitôt après, conduite à la filature. De là, les écheveaux bifurquent : ceux qui sont destinés aux moquettes ordinaires vont à la teinture ; elle s'exécute ici, non plus à la main comme jadis, mais dans les appareils automatiques imaginés par César Corron, qui suppriment trois hommes sur quatre.

Vient le tissage ; un tapis se compose de deux parties essentielles : le canevas ou « âme » qui forme l'envers, le velours ou « moquette » qui forme l'endroit. Le canevas est constitué par deux chaînes et une trame. L'une, la chaîne *travaillante*, ou de liage, vient croiser les fils de trame ; l'autre, la chaîne *volante*, sorte de ficelle en jute ou en *phormium tenax* originaire du Gange, qui fait matelas ou épaisseur. Les tapis aux points noués n'ont pas besoin de ce corps invisible ; la hauteur de la laine leur donne une consistance suffisante. Ici le dessin est figuré à la surface par une troisième chaîne de laine, seule apparente, que le métier incorpore aux deux autres, tout en lui laissant le dessus de l'étoffe.

A mesure que le tissage avance, vingt et une verges ou tiges d'acier, alternant avec les trames, viennent l'une après l'autre se placer en travers de cette chaîne, la forcent à s'arrondir en boucles, puis se retirent et vont d'elles-mêmes, au moyen d'un aiguillage semblable à celui d'un chemin de fer, se replacer plus loin pour modeler une boucle nouvelle. C'est la moquette « bouclée ; » lorsqu'on la veut obtenir « veloutée, » les tiges d'acier dont nous parlons se terminent à l'une de leurs extrémités par un couteau, qui coupe la boucle en se retirant et la métamorphose en velours.

Avant l'invention de Jacquard, il fallait, à chaque coup de trame, — pour les métiers à tapis comme pour tous les autres tissus, — se préoccuper de mettre en œuvre, pour la plus insignifiante fleurette, suivant que les couleurs du dessin le requéraient, tels ou tels fils de la chaîne. Il fallait au tisserand trois aides pour manipuler les tiges d'acier, appeler les couleurs, et tirer les lices de chaque bobine. A eux quatre, ils allaient fort lentement. Aujourd'hui les fils sont forcés d'entrer en scène et de jouer leur rôle, au moment et en nombre voulus, parce que les « lices » qui les portent reçoivent, par un mouvement de déchiquetage, l'impulsion d'autant d'aiguilles. Les pointes de ces aiguilles sont frôlées par des cartons, percés de trous, qui tournent sur un cylindre. Rencontrent-elles les trous, elles y entrent et appellent ainsi les fils au travail. Sont-elles arrêtées par une partie pleine, elles restent immobiles. C'est un peu suivant le même principe que les opéras se laissent moudre par les orgues de Barbarie. Les cartons, pour bien commander les aiguilles, doivent être préparés à leur office. Du piquage préliminaire des trous dépend tout le tissage ; la faute du « liseur, » s'il se trompait, serait irréparable Celui-ci effectue ses percements, son tricotage des cartons, grâce à une machine composée de 1 344 ficelles, armées de crochets et munies de contrepoids, qui permet d'obtenir 1 344 jeux différents des fils. Comme l'exécutant d'un morceau traduit en sons les notes gravées sur une page de musique, le liseur fait mouvoir ces ficelles, touches d'un gigantesque clavier, suivant les indications mathématiques de la « mise en carte » qu'il a devant lui, c'est-à-dire du dessin reproduit sur un papier quadrillé dont chaque carré représente un fil.

Appliquée aux métiers à bras, en 1834, la Jacquard enrichit les fabricants français ; puis elle manqua les ruiner... lorsque, vers 1865, ajustée par les Anglais au métier à vapeur, elle permit à nos voisins d'inonder notre marché de tapis qui, par leur bas prix, défiaient toute concurrence. La façon manuelle est en effet huit fois plus chère que la mécanique.

Incapables d'exporter, de lutter même à l'intérieur contre les produits britanniques, nos compatriotes allèrent acquérir en Angleterre des outils qu'ils surent perfectionner, et grâce auxquels ils ont repris leurs avantages : l'importation des moquettes étrangères a diminué des deux tiers depuis douze ans. Durant cette période, nos expéditions au dehors sont demeurées stationnaires. Encore est-ce avec peine que nos industriels ont pu les maintenir, le grand débouché des Etats-Unis leur ayant été fermé par le tarif Mac-Kinley. A l'abri d'un droit de douane de 40 pour 100 *ad valorem* et de 3 francs par mètre Carré, les Américains ont monté de colossales usines, qui alimentent aujourd'hui le territoire de l'Union et, sans doute, ambitionneront demain une clientèle plus vaste.

Par son prix de 5 à 12 francs le mètre, en gros, — chiffre qu'il faut majorer de 27 pour 100 dans les magasins de nouveautés, et davantage dans les autres, pour avoir le prix de détail, — la moquette Jacquard demeure un luxe inabordable aux petites bourses. Par sa contexture, elle donne un dessin très fin et délicat, mais d'un nombre de couleurs limité — cinq au maximum. — Pour les grandes carpettes, l'on adapte au même métier plusieurs mécaniques juxtaposées ; toutefois les tapis les plus riches en ce genre ne sont tissés qu'à cinq « grils, » c'est-à-dire à cinq chaînes, composées chacune de 250 bobines du même coloris, par chaque « lé » de 70 centimètres de large.

Une imitation de la Savonnerie, le tapis « chenille » ou « haute-laine, » plus moelleux que la moquette, bien que moins solide, est aussi appelé « à palette libre, » parce qu'il permet l'emploi d'un nombre indéfini de nuances. Il y entre jusqu'à 200 tons différents. Son tissage comporte deux opérations successives. Voici d'abord la seconde.

L'ouvrière que nous voyons travailler ici, au lieu de chercher comme en Orient, à chaque point, la couleur de laine qu'il lui faut et de la nouer sur chaque fil de la chaîne, place *du même coup*, en travers de cette chaîne, toute une ligne de points multicolores, noués sur une ficelle de longueur égale à la largeur du tapis. Un coup de trame du métier mécanique serre cette « chenille » de points, l'unit à la précédente et l'attache en même temps à la chaîne. L'ouvrière prend à ses côtés une autre chenille, non pas au hasard, mais celle qui, d'après un numérotage préalable, doit voisiner sur le tapis avec la dernière posée. La couleur des points varie souvent beaucoup d'une chenille à la suivante ; mais, comme ces points ont été méthodiquement *préparés* le long de chacune des chenilles, dans l'ordre qu'exige le dessin, il se trouve qu'en juxtaposant ces guirlandes de nœuds, les couleurs de leurs laines se raccordent ou s'opposent brin à brin, les unes aux autres, de manière à former exactement les fleurs, les ornements ou les sujets du modèle.

Si l'on ne tirait qu'un exemplaire de chaque dessin de tapis et s'il fallait, pour ce tapis unique, confectionner une à une les centaines de chenilles différentes qui le constitueront, en dosant sur chacune les nœuds de laine savamment assortis, la besogne serait bien plus compliquée que pour la Savonnerie véritable, faite à la main. Mais on n'établit pas moins de 200 tapis à la fois et, pour chacun de ces 200 tapis, on façonne sur des machines spéciales, d'abord 200 exemplaires, tous pareils, de la chenille numéro 1, puis un égal nombre de la chenille numéro 2 et ainsi de suite.

La composition des chenilles est donc l'opération préliminaire : attentive au dessin « encarté » qu'elle a sous les yeux, et qu'il lui est facile de décomposer, d'épeler en quelque sorte — chaque point remplissant un carreau de papier quadrillé, — l'ouvrière, assise devant un métier où s'alignent 200 fils de chaîne, dirige le mouvement d'une pince qui va, comme une main humaine, chercher elle-même la couleur de la laine demandée dans une sorte de panier à ouvrage, consistant en des tubes circulairement rangés.

La pince se déroule au bout d'un ruban d'acier, saisit le fil, le pose en travers de la chaîne ; un battement du métier croise sur lui cette chaîne, pendant qu'une trame de jute glisse par dessous et complète le liage. La pince, qui s'est enroulée, s'élance de nouveau en quête d'une autre couleur de laine et, à mesure que le travail progresse, ce tissu éphémère, à peine créé, est par la machine elle-même déchiqueté dans le sens de sa longueur et divisé en 200 chenilles, où les brins de laine pendent attachés à leur fil de chaîne. Ces brins sont d'autant plus longs que les fils de chaîne étaient plus ou moins écartés l'un de l'autre, sur le métier ; c'est ainsi que Ion règle la hauteur de laine de la future carpette. Il suffit ensuite de classer ces 200 chapelets de points et de les répartir entre 200 tapis où ils formeront chacun une ligne.

Tout autre, et beaucoup plus simple, est le procédé d' « impression sur chaîne. » Il offre cependant, avec celui qui précède, cette analogie : que l'on y prépare, par grands lots, des fils que l'on divise après entre 1 000 tapis semblables. Sur des douzaines de tambours, de 1m, 50 de diamètre, sont enroulés comme sur des bobines ces fils de laine blanche prêts à être teints. Je viens de voir retirer, de dessus l'un d'eux, des écheveaux étalés qui ressemblent à certaines étoffes algériennes, rayés, comme ils sont, de toutes les couleurs de l'arc-en-ciel. Ces tranches bleues, rouges ou vertes qui se suivent sont, les unes, de simples hachures, les autres de larges bandes ; et ce striage, que nous pourrions croire fantaisiste, est le résultat d'une combinaison approfondie.

Ce millier de fils, — il y en a 1 000, tous pareillement bigarrés, — ne sont autre chose qu'une portion infime de 1 000 féroces tigres du Bengale, accroupis dans la jungle, qui figureront sur 1 000 tapis de foyer à vingt-cinq sous la pièce. Ceux que l'on enlève ici appartiennent au dos de ce fauve et portent le numéro 105. Pour un tapis de 0m, 70 de *large*, il faut une chaîne de 200 fils, éloignés par conséquent l'un de l'autre de 3 millimètres ; et, pour obtenir une *longueur* de tapis de 1m, 50 en moquette bouclée, il faut tisser 4m, 50 de fil ; les deux tiers de la longueur sont absorbés par les reliefs de la boucle. — C'est l' « embuvage. » — On tient compte de cette réduction en imprimant, sur trois centimètres de long, la couleur dont on veut obtenir un centimètre sur le tapis terminé, et en proportionnant le dessin, ou « raccord, » au périmètre du tambour.

Chacun de ces tambours, de ces « grosses caisses » devrait-on dire, immobile, est suspendu comme une roue à peu de distance du sol, de manière à laisser passer et repasser sous lui un petit chariot, porteur de brosses colorées. Le conducteur est guidé par une esquisse, dont le quadrillage, nuancé et repéré, lui commande de teindre en bleu n° 14 ou en rouge n° 26, l'endroit précis du cylindre qui porte le n° 422.

Un mouvement transversal du chariot demandé, glissant sur des rails, imbibe les fils ; lorsque le tambour, ayant terminé sa révolution, est bariolé sur la totalité de son pourtour, on porte la laine ainsi teinte au « coffre à fixer, » sorte de four en dalles de verre dévitrifié, très dures et insensibles aux acides où la couleur est cuite pendant vingt minutes par de la vapeur sèche, à 100 degrés de chaleur. Après un lavage final qui élimine l'excès du colorant, non fixé à la fibre, les écheveaux réunis bout à bout sont prêts à être tissés, prêts à faire leur partie dans cette symphonie imagée de 200 fils, où les 199 autres exécutants, qui ont chacun appris leur rôle sur un cylindre séparé, viendront se ranger côte à côte pour former un tout harmonieux.

Grâce à l'impression sur chaîne et aux moquettes bon marché qu'elle permet d'établir, les tapis fabriqués -ici atteignent une clientèle qui, il y a trente ans, ignorait le tapis. Une partie de ces produits s'exportent dans l'Amérique du Sud ; ils trouvent des acheteurs jusqu'en Extrême-Orient, parmi les Chinois et les Japonais, auxquels les colorations vives ne déplaisent pas. En France surtout, ils donnent une note de confortable et d'agrément à des intérieurs modestes, note précieuse et caractéristique du progrès contemporain, qui s'opère lentement au profit du plus grand nombre.

Une évolution *inverse* de celle qui agit en faveur des consommateurs, réduit de plus en plus le profit des producteurs. Non point des producteurs ouvriers ; cardans l'usine où nous sommes, aussi bien que dans toutes autres, le taux des salaires n'a, depuis trente ans, cessé de croître ; la journée de travail y est plus courte, la besogne moins pénible grâce aux machines, le chômage presque inconnu, les institutions philanthropiques plus nombreuses et plus efficaces.

Mais la rémunération des producteurs capitalistes, la part des actionnaires et des patrons y subit une baisse constante. La manufacture dont je parle, la plus importante et l'une des plus prospères dans l'industrie des tapis, a vu depuis treize ans *doubler* son chiffre d'affaires, tandis que la quantité de marchandises fabriquées devenait *huit fois* plus grande et que, par conséquent, leur prix baissait des *trois quarts*. Il y a trente ans, elle réalisait un gain de 350 000 francs avec 1 800 000 francs d'affaires ; aujourd'hui le total annuel de sa vente atteint 8 millions de francs, mais son bénéfice est resté identique, passant de 20 pour 100 à 4 pour 100.

Et quoique j'aie constaté le même résultat partout, dans les branches de spéculation les plus diverses, dans les magasins de nouveautés et d'alimentation comme dans les établissements de crédit, dans le papier et dans le fer comme dans l'éclairage ou les transports, je crois qu'on ne saurait trop mettre en lumière ce phénomène, parce que rien ne vaut l'ironie de certains « faits » pour dégonfler certaines « harangues. »

En ce pays où il se dit beaucoup de choses folles, il se fait beaucoup de choses sages. Les choses folles sont dites par *la France qui se voit* ; les choses sages sont faites par *la France qui ne se voit pas*. Car il y a deux Frances : la publique et la privée ; celle du Parlement et des journaux, qui parle et fait parler d'elle ; celle des laboratoires et des usines, qui semble muette et dont on parle peu. La première est agitée et stérile ; la seconde est ordonnée et féconde. La première sème la discorde et fait battre les citoyens entre eux ; la seconde mène les hommes à l'assaut de la Nature et crée du bonheur à mesure qu'elle invente et applique ses inventions.

Ces deux Frances semblent séparées ; cependant la seconde fait tout le support de la première, et la première ne s'en doute pas. Je n'ai pu m'empêcher de noter ici cette réflexion, oiseuse peut-être et bonne tout au plus à « amuser le tapis. »

ISBN : 978-1979677684

www.ingramcontent.com/pod-product-compliance
Lightning Source LLC
Chambersburg PA
CBHW050251230526
45470CB00005B/2216